AF450783

LA FORCE INNÉE DE LA MATIÈRE

ET

LA PENSÉE DANS L'UNIVERS

JE DÉDIE CET OUVRAGE

A LA MÉMOIRE

DE MES PARENTS.

A. A.

Prof. Dr Albert ADAMKIEWICZ

LA FORCE INNÉE
DE LA MATIÈRE

ET

LA PENSÉE DANS L'UNIVERS

ÉTUDE SUR LES RAPPORTS DE L'AME AVEC LES AUTRES
FORCES DE LA NATURE

Traduit de l'allemand sur la 2ᵉ édition par
La Baronne Henri de ROTHSCHILD

PARIS

LIBRAIRIE MÉDICALE ET SCIENTIFIQUE
JULES ROUSSET
1, RUE CASIMIR-DELAVIGNE ET 12, RUE MONSIEUR-LE-PRINCE

1908

Πάντα ῥεῖ

Tout est en mouvement. Le mouvement entretient l'univers, l'univers animé et inanimé.

Les hommes et les animaux possèdent la faculté de se mouvoir *librement*. Et la vie fait passer en eux, comme dans les végétaux, ce courant de sang et de sèves qui communique son mouvement vital à toutes leurs parties, jusqu'en leurs éléments.

Dans le monde des êtres animés, tout se meut de soi-même, par l'effet d'une force et d'une spontanéité *intérieures* ; pareillement, dans le monde inanimé, la terre et les planètes, l'air et l'eau, et toutes les matières y contenues, sont mis en mouvement par l'effet de l'influence *extérieure* qu'ils exercent réciproquement les uns sur les autres.

Une partie de ces deux principaux courants est traversée par un troisième — le moindre — celui qui assure les relations entre les êtres animés et le monde inanimé : d'un côté, il apporte aux êtres animés, non-seulement des matériaux nécessaires à leur organisme, mais encore des éléments indispensables à leur métabolisme ; de l'autre côté, il sert à recevoir les produits inutiles et nuisibles du métabolisme et à les rendre au monde d'où l'organisme les a tirés.

Or, ce courant, à considérer la nature des sources d'où il jaillit et les fonctions qu'il remplit, constitue une preuve manifeste de ce fait que les sources de la vie découlent, d'abord et avant tout, de la nature inanimée ; d'où il suit que la création est basée sur la nature inanimée et que l'homme, loin de la dominer, comme le croient ceux qui reconnaissent en lui « le maître de la création », en subit, au contraire, la domination, ce maître qui n'arrive qu'à grand'peine à peupler une seule planète, sans pouvoir la gouverner ; qui est, il est vrai, doué de la faculté de penser, mais sujet, comme la moindre créature, aux maux et aux défauts attachés à tout ce qui est terrestre ; qui a certaines particularités en commun avec le singe, comme, du reste, avec tous êtres animés ; qui, comme ceux-ci, vit de par la grâce du soleil, c'est à-dire, doit *sa vie* à la chaleur d'une masse *morte, en feu,* et qu'enfin le souffle du vent emporte, comme une feuille morte.

De même que le mouvement entretient l'univers, de même *l'univers entretient le mouvement.*

C'est, en effet, du monde et de sa matière que part le mouvement ; d'une part, parce que « le mouvement » n'est autre chose que de la matière en mouvement, le mouvement ne pouvant se concevoir en dehors de la matière ; d'autre part, parce que « le mouvement » ne peut être que l'effet d'une force et qu'il n'y a pas de force qui ne procède de la matière et qui n'en soit propriété.

En admettant donc que l'univers se maintienne par le mouvement et que le mouvement soit l'effet de la matière dans l'univers, on reconnaît que le monde, la nature et tout ce dont elle se compose, sont entretenus par la force inhérente à la matière, et, par conséquent, par *eux-mêmes*.

LA « FORCE INNÉE » DE LA MATIÈRE

Cette conclusion fait supposer un second axiome. S'il est vrai que le mouvement qui conserve le monde est une fonction directe de la matière universelle, mais que le monde, autant qu'il nous est possible d'en juger, poursuit toujours, sans dévier, sa marche ordinaire, c'est-à-dire, fournit une mesure de mouvement déterminée et constante, il s'ensuit que *la force émanant de la matière universelle doit, tout comme la masse de la matière universelle, génératrice de cette force, représenter une grandeur constante.*

1. — Loi de la « conservation de la matière »

La matière universelle est, en effet, constante, la matière étant indestructible.

Ni grain de sable, ni goutte d'eau, ni atome d'une combinaison organique, ni aucun de leurs éléments ne peut disparaître. Le grain de sable peut tomber en poussière, la goutte d'eau s'évaporer, une combinaison organique se décomposer, un élément se volatiliser : la poussière du grain de sable, la goutte d'eau évaporée, la **substance** organique décomposée, l'élément volatilisé réapparaîtront sous une autre forme. Jamais ce qui fut quelque chose de matériel ne peut rentrer dans un néant immatériel.

De même que rien ne peut s'anéantir, de même, inversement, rien ne peut sortir de rien. Le néant ne peut donner naissance à rien, ni à un grain de poussière impondérable, ni au moindre atome d'un corps, ni à la trace fugitive d'un élément.

Cela revient à dire : *la matière ne se crée pas.* Si donc la matière ne se crée, ni se détruit, il s'ensuit *qu'elle a existé de toute éternité et qu'elle continuera d'exister éternellement.*

Pour l'univers, il en résulte cette conclusion, d'une part, que sa matière représente une constante pour toute éternité, et, d'autre part, que la force — le mouvement — qui en découle, qui est fournie par l'univers et qui l'entretient, *est et demeurera à jamais et éternellement la même.*

La célèbre loi de la « conservation de la force » du médecin de Heilbronn est l'expression exacte de cette constatation ; en réalité, elle n'est que la conséquence de la loi de la « conservation de la matière » qui, si je ne me trompe, a été developpée ici pour la première fois sous la forme la plus rigoureuse et qui proclame comme loi naturelle la constitution de l'univers.

C'est précisément parce que la matière ne peut être ni créée ou détruite, ni augmentée ou diminuée de volume, qu'il faut non-seulement que l'univers demeure intact, mais encore qu'il continue sa marche — à peu près comme une horloge, dont les ressorts, les rouages et les cylindres n'assurent le mouvement constant et régulier du mécanisme que tant que leur masse ne se modifie pas. La « tension » du ressort peut, en l'espèce, représenter l'impulsion de la « force innée de la matière ». Or, la *masse* des ressorts, les rouages et les cylindres sont, pour la montre, ce que sont, pour l'univers, ses composants et ce qu'est, pour notre planète, la nature animée et inanimée.

Le contenu de la nature animée et inanimée, ce sont les matières inorganiques, les végétaux et les animaux — y compris l'homme.

2. — Loi de la « conservation de la matière »
et théorie de « descendance »

Or, si le contenu matériel de la nature est soumis à la loi de la « conservation de la matière » qui régit toute la planète, il faut que, tout comme la matière totale, le contenu matériel de la nature, c'est-à-dire, les trois règnes, minéral, végétal et animal dont elle se compose, ne puisse être, au sens de cette loi naturelle qui régit l'univers, ni « créé », ni « détruit », ce qui signifie, au sens de cette même loi, que *le monde inorganique et le monde organique — végétaux, animaux et hommes — ont existé dans le passé et existeront dans l'avenir invariablement tels qu'ils s'offrent à nous dans le présent.*

Autrement dit, ils demeurent, en principe, égaux à eux-mêmes, en dedans des deux limites où leur existence est possible.

Ce fait important, déduit avec une logique rigoureuse d'une loi naturelle absolument certaine, infirme, d'une façon indiscutable, la théorie de descendance de Darwin. Malgré les travaux de détail dont on l'a péniblement étayée, elle se brise, impuissante, contre cette vérité, d'une part, que la genèse de l'homme, que des constatations paléontologiques affirment être postérieure à celle du singe, remonte, au contraire, au fur et à mesure de nouvelles découvertes, à des époques de plus en plus lointaines de l'histoire de la création, et, d'autre part, que les êtres animés élémentaires qui, en tant que parasites de l'homme, n'ont, du reste, pu naître qu'avec l'homme et non après lui —

ne se perfectionnent pas par effacement et fusion
des limites (ainsi que cela devrait se produire,
d'après la théorie de descendance) et diminution
de leur nombre, mais qu'au contraire, ils sont
toujours aussi nombreux et — grâce aux méthodes
perfectionnées qui permettent de les découvrir et
les rendre visibles — paraissent même se multiplier, alors que certaines espèces supérieures
(sauriens, mammouths, etc.) disparaissent de la
surface de la terre, pour certaines raisons spéciales
et non générales, comme telle race ou telle
famille d'hommes. Si, au reste, la théorie de
descendance était juste, on ne comprendrait pas
pourquoi, de tous les animaux, le singe seul aurait
le privilège, d'une part, de s'élever jusqu'à devenir
homme et, d'autre part, de demeurer singe, alors
qu'il serait interdit aux autres espèces animales
de produire une espèce d'homme qui leur corres-
pondît ? Pourquoi ce privilège n'eût il pas été le
lot, par exemple, du perroquet, dont la faculté de
langage, déterminée par certaines particularités
du cerveau, le prédestinait, en raison de l'importance qu'on attribue en général au langage comme
signe distinctif de l'homme, à devenir homme lui-
même, avec au moins autant de droit que le singe,
dont le squelette présente des particularités qui
ont, au point de vue physiologique, bien moins

d'importance que le langage ? J'ajouterai encore
que les « corpuscules nerveux » (¹) que j'ai trouvés
dans les fibres nerveuses médullaires périphéri-
ques de l'homme adulte n'existent ni dans les nerfs
correspondants du singe, ni même dans ceux des
autres animaux. Dès lors, en admettant que des
caractères anatomiques isolés puissent être considé-
rés comme des critères à l'appui de la théorie de
descendance, bien que, selon moi, rien n'autorise
ni impose cette hypothèse, l'on n'en commet pas
moins une inconséquence injustifiable au point de
vue scientifique, en attribuant aux caractères
anatomiques des os, qui militent soi-disant en faveur de la descendance, une importance plus gran-
de qu'à certaines particularités des nerfs, qui
militent contre elle, l'organisation du système
nerveux constituant précisément un signe caractéristique du degré de développement du règne
animal.

Enfin, la théorie de descendance vient se briser
définitivement contre un fait, fatal à toute théorie :
la contradiction qu'elle porte en elle-même.

En prétendant que les espèces naissent, par
différenciation, de formes primaires, mais qu'ainsi
différenciées, comme les singes et les hommes,

(¹) Les corpuscules nerveux. *Sitzungsber. d. Kais. Aca-
demie der Wissenschaften zu Wien,* 1885, vol. 91.

elles doivent, par adaptation et développement, fusionner à nouveau, la théorie de descendance proclame, comme principe de développement, ni plus ni moins que tantôt la divergence, tantôt la convergence — contradiction que ni la logique ni les sciences naturelles ne peuvent soutenir.

Cependant, la communauté de nombreuses particularités morphologiques chez diverses espèces animales, et notamment chez certaines espèces supérieures et l'homme, ne constitue pas une preuve de la communauté de leur descendance, pas plus que les affinités morphologiques que peuvent présenter les plantes et leur naissance de graines *identiques en apparence*, n'établissent la descendance du monde végétal tout entier d'une seule cellule végétale primaire, ou que l'identité de certaines formes de cristaux ne démontre la descendance des sels d'une seule substance chimique primaire commune — malgré l'égalité *physique* de tous les atomes.

Ces caractères extérieurs communs aux composants de l'univers ne sont pas des signes de leur identité ; ils fournissent plutôt des preuves directes de la *contiguïté*, de la *parenté* des éléments, des matières, des corps, des êtres, bref, des composants de l'univers, produits d'une seule création, d'une seule main de maître, qui les a tirés d'une origine commune pour en former un tout harmonique et qui les marque *tous* d'un signe qui fait reconnaître en eux des anneaux équivalents, bien que divers, d'une chaîne homogène, ininterrompue.

Il est un autre fait qui démontre avec une netteté particulière qu'il n'en saurait être autrement. S'il est établi que la nature revêt de *formes* pareilles les produits les plus différents de sa création inanimée et impose à la partie animée de cette même création les mêmes lois de physique, de chimie et de mécanique qu'à sa partie inanimée, il ne se trouvera personne pour soutenir, après réflexion, que les figures ou caractères extérieurs aient, dans la nature animée. une signification autre que pour le reste de la création. D'où cette conclusion que la théorie de descendance, qui prétend conclure, avec une rigueur poussée à l'extrême, des *caractères extérieurs* à la nature *intérieure* du monde animé, est en contradiction avec l'esprit d'une loi fondamentale qui embrasse toute la création animée et inanimée et la gouverne avec une souveraineté absolue —*la loi de la conservation de la matière,*— loi qui s'impose avec une force élémentaire à quiconque comprend le langage intime de la nature, connaît les faits évidents de son histoire et, armé de ces connaissances, travaille sur le terrain classique. Voilà pourquoi certaines pages que Pierre Loti consacre à ses pérégrinations à travers la Galilée, nous font l'effet de traduire, non pas de simples réfléxions, mais des vérités naturelles et générales. C'est ainsi qu'en rapportant les impressions recueillies sur les bords du lac de Génézareth, il s'écrie : « Depuis l'époque où Jésus enseignait ici même les pêcheurs galiléens, la Terre a eu beau parcourir des espaces inconcevables, entraînée dans l'orbite inconnue de son soleil ; ce point particulier de sa surface s'est maintenu sans changement ; les conditions géologiques n'y ont pas été modifiées ; les petits caps, les paisibles petites baies s'y découpent aux mêmes places, entre leurs éternelles ceintures de joncs et de lauriers-roses ; les mêmes fleurs et les mêmes bêtes y renaissent à tous les printemps... Les plantes et les bêtes, c'est ce qui change le moins au cours des âges. Le Thabor est habité par de nombreuses familles de sangliers, et il est surtout rempli de perdrix, de toute sorte de gibier à plume — absolument comme, il y a bientôt trois mille ans, au siècle du prophète Osée, qui parle « des filets que l'on tendait là pour prendre les oiseaux. » (Osée, v, 1).

(1) La Galilée, p. 89 et p. 44.

Qui oserait entreprendre de démontrer qu'un espace de trois mille ans proclame des vérités dont le principe ne se vérifierait plus pour bien des choses de notre temps?

Mais il est encore d'autres raisons extrêmement importantes qui militent contre la théorie de descendance. Celle-ci prétend, par exemple, que la façon dont les individus se sont développés fournit un appui particulièrement solide à son hypothèse. Or, par cette affirmation, elle ne fait que prouver tout juste le contraire de ce qu'elle se propose de démontrer.

Jamais, en effet, il ne sort d'un œuf un être autre que l'animal dont l'œuf provient, et encore à condition que cet œuf ait été fécondé par le sperme de l'espèce à laquelle il appartient. Et personne ne peut se vanter d'avoir jamais trouvé, notamment chez l'homme, des phases de développement embryonnaire présentant successivement celles du protozoaire, du ver, du poisson, du reptile, de l'amphibie, de l'oiseau, enfin du singe — la prétendue série des ancêtres de l'homme. Même s'il est vrai que l'embryon humain ressemble, dans le *premier* stade de son développement, à celui d'autres animaux, cela prouve simplement, malgré Haeckel et la fente branchiale, que, dans la nature comme en biologie, la forme signifie peu de chose, mais que le contenu est tout — ce dont l'anatomie comparée devrait mieux tenir compte. L'on peut même venir affirmer que l'homme s'est élevé du protozoaire au singe, en se basant sur ce fait qu'il y a des millions d'années, le tranquille pays de Souabe fut visité par un monstre, mi-oiseau, mi-lézard, appelé archéopteryx et dont on trouve les traces imprimées dans les terres calcaires alluviales du Jura, ou encore sur ce que l'Australie est habitée par un mammifère à bec de canard qui s'offre le luxe de pondre des œufs ; j'y répondrai que, s'il y a des lézards qui, comme les mammifères, mettent bas des petits vivants, l'homme peut, exceptionnellement, venir au monde dans la membrane de l'œuf : d'où il suit que la question de la maturation de l'œuf, au dedans et en dehors de l'organisme maternel, ne saurait constituer de différence de principe pour les diverses classes du règne animal.

Mais s'il peut y avoir des veaux à trois pattes et des enfants à œil de cyclope, sans qu'on se voie obligé à donner pour ancêtres, Polyphème à ceux-ci et le trépied pythique à ceux-là, il devrait aussi être permis d'admettre que la nature, de même qu'elle s'écarte parfois du chemin battu du traditionnel pour produire des individus monstrueux, puisse aussi parfois agir de même pour des espèces

entières et donner naissance à des oiseaux-lézards.
Le fameux ichthyosaure, le mammouth, le méga-
thérium et même l'atlantosaure avec sa tête
minuscule, son cerveau spinal et son poids de
25.000 kilogrammes ne furent, en somme, que
des monstres, bien qu'ils représentassent des espèces animales tout à fait régulières.

Admettons que les veaux à trois pattes et les
enfants cyclopes soient la règle ; que les archéop-
térix soient jadis issus de tous les lézards au profit
des oiseaux, pour disparaître ensuite encore à
leur profit ; que tous les oiseaux et tous les singes
aient fait place aux hommes, et que, finalement,
l'homme soit resté seul sur terre et ait continué
seul à peupler le globe terrestre de ses généra-
tions : ce n'est qu'à cette condition qu'il serait
démontré jusqu'à l'évidence, non-seulement que
la série animale allant du protozoaire au singe
constitue l'arbre généalogique de l'homme, mais
encore que l'homme est réellement le « roi de la
création », comme l'affirme la théorie de descendance — parfaitement d'accord en cela avec la
révélation, sur laquelle elle ne s'appuie pas
d'ordinaire.

Mais l'homme n'est pas le seul être qui vive sur
la terre et il ne le sera jamais, pour cette simple
raison que, si toutes les autres créatures peuvent

très bien exister sans lui, il ne pourrait, lui, exister sans eux.

Mais, étant donné que l'homme, tout en étant la créature la mieux organisée, n'est, au fond, qu'un anneau de la chaîne des composants conservateurs de l'univers et leur est, comme tel, complètement *coordonné* (1) ; que tous ces chaînons, tout en étant équivalents et de même origine, *diffèrent absolument* entre eux quant à leur *nature* et dès l'origine première de leur existence ; qu'ensuite l'homme, s'il possède pour cela même une propriété capitale qui le caractérise, n'a en partage *aucune de celles des autres composants de l'univers, bien que, s'ils étaient ses ancêtres, il eût dû hériter de leurs propriétés capitales et les réunir en lui* ; qu'enfin l'homme, s'il peut penser, ne peut infecter comme le protozoaire, ni ramper sur *le ventre* comme un ver, ni nager comme un poisson, ni enlacer comme un serpent, ni voler comme un oiseau, etc., il s'ensuit que la théorie de l'évolution ne peut être exacte, et que sa conception même pêche par défaut de logique.

Elle soutient que l'homme est le résultat final d'une évolution ascendante des êtres, depuis le protozoaire jusqu'au singe et au-delà. Mais si tant

(1) Cf. Pensée inconsciente et vision de la pensée. *Paris*, 1905, J. Rousset.

est que l'homme soit bien réellement le but final de la création, il faut évidemment qu'il ait été compris dans le *plan* de celle-ci, bien longtemps avant qu'il n'y parût lui-même.

Or, l'anthropologie nous apprend que l'homme ne se rencontre pas avant la période tertiaire des formations géologiques et que, probablement, il y a pris naissance. Si les débuts de son existence se placent dans cette période, c'est que la création a mis à exécution son plan relatif à la formation de l'homme quelques millions d'années après l'époque où elle a pu le concevoir, c'est-à-dire manifestement au commencement du refroidissement de la surface terrestre.

Il n'y a qu'une force psychique qui soit capable de concevoir des plans. Or, d'après ladite théorie, le plan de la formation de l'homme ne pouvait être conçu que par une puissance psychique qui fût tout-à-fait indépendante de la matière et qui, non-seulement, planât au-dessus d'elle, mais encore se servît d'elle comme d'un instrument. Cette puissance psychique ne pouvait être que Dieu.

Or, la théorie de l'évolution, en déniant à cette puissance la faculté d'exécuter ses plans sur-le-champ, avec la perfection voulue, a enlevé à Dieu la toute-puissance et lui a fait non-seulement concevoir ses plans comme l'eût fait un homme, mais encore exécuter ces plans suivant la méthode humaine, qui apprend aux enfants que, pour créer quelque chose, il faut s'élever du petit au grand, du simple au compliqué.

C'est ainsi que la doctrine de descendance se met doublement en désaccord avec elle-même.

Elle sépare l'esprit de la matière et, malgré cela, proclame haut... *le monisme*. Et elle ne fait, au fond, que rééditer la doctrine de la révélation — dissimulée sous le voile des sciences naturelles — qu'elle rejette ouvertement et dont elle humanise... des concepts divins, sans se rendre compte, du reste, que chacun des composants de l'univers est égal aux autres en perfection.

La théorie de descendance serait encore caduque alors même qu'elle considérerait « l'évolution » comme un processus purement « mécanique ».

En effet, une « évolution » qui se déroulerait « mécaniquement » ne s'arrêterait sans doute *pas* à l'homme. Elle ne le pourrait qu'à la condition que l'homme représentât le plus haut degré de perfection.

Mais l'homme n'est parfait ni sous le rapport de son organisation, ni sous le rapport de ce que nous appelons ses « forces idéales ». Sous le rapport de son organisation, il suffit, par exemple, de lire ce que Helmholtz a dit au sujet de la structure de l'œil humain. Quant au côté idéal de l'homme, il me suffira d'en toucher deux points.

Depuis que le dogme de l'amour du prochain a montré aux hommes le chemin de leurs plus beaux devoirs, il n'est pas de commandement contre lequel il ait été plus souvent péché que précisément contre celui-ci. La morale, par laquelle l'homme prétend l'emporter sur les animaux, est principalement enfreinte impunément par ceux qui, plus que d'autres, ont mission de la sauvegarder. Ils considèrent tout simplement comme un droit, acquis à la longue, de persécuter le mérite chez les hommes de science qui édifient, pour les mettre au service de l'humanité, des œuvres *patentes* de philanthropie. Et loin de consentir à reconnaître ces œuvres ou même à les soutenir sincèrement, ils ne trouvent de satisfaction qu'à en voir les auteurs souffrir et périr misérablement. Enfin, quand leur tactique dirigée contre l'existence, la vie et l'honneur de ces derniers vient à se briser devant la persévérance dans l'effort diligent, soutenu, de soulager la souffrance humaine au lieu de servir à leurs buts, ils n'hésitent même pas à appliquer la *torture morale* qui paralyse le cœur et l'esprit et fait renoncer au bien.

Si de pareils faits ne sont rien moins que propres à appuyer la théorie de l' « ascension » de l'homme au sommet de l'échelle des êtres et semblent en démontrer plutôt l'inverse, ils n'en incitent que plus impérieusement l'homme conscient de sa destination à remplir la mission civilisatrice qu'il est appelé à remplir sur terre, à tenir haut l'idéal qui le distingue de l'animal, à braver courageusement les dangers qui menacent cet idéal et à rester toujours fidèle aux sentiments *de justice, de vérité et d'humanité* qui, ainsi que l'histoire nous l'apprend, finissent toujours par l'emporter sur le mal, quelque puissant qu'il soit.

3. — L' « âme » considérée comme « force innée »

Si la loi « de la conservation de la matière » est une vérité qui embrasse d'une manière égale *toute* la création, et si, d'après cette vérité, non-seulement tous les composants de l'univers — substances, végétaux, animaux et homme — ont existé dès l'origine première et continueront d'exister à tout jamais, mais sont encore de même origine, c'est-à-dire, équivalents, il s'ensuit avec une logique rigoureuse *qu'aucun de ces composants ne peut posséder quelque parcelle de propriété et de force qu'ils ne possèdent tous en principe et qui,*

*en dernière analyse, ne soit elle-même une pro-
priété ou une force de la substance, de la matière
de la substance.*

Or, l'on prétend que l'homme possède en propre quelque chose de tout à fait particulier, quelque chose que ne possède aucun autre composant
de l'univers, animal, végétal ou minéral. C'est à
la possession de cette particularité que l'homme
serait redevable d'une situation spéciale dans l'u-
nivers, situation qui lui permettrait de se considérer comme appartenant partie à la création visible, partie à un monde s'élevant au-dessus du
monde visible, à un monde « surnaturel », par
conséquent, étranger à la matière elle-même.

La perfection de sa forme, le développement
incomparable de son corps, de ses organes et surtout de son cerveau lui assignent, il est vrai, la
première place dans le monde des êtres organisés,
dans le monde visible. Mais à l'entendre, ses
facultés, liées à son organisation, son « âme », sa
« conscience », sa « pensée », représenteraient des
dons que la nature n'aurait attribués qu'à lui seul
et qui le placeraient tellement au-dessus des autres
créatures et par conséquent du monde « visible »
qu'il formerait, au milieu des êtres, une espèce à
part, appartenant partie à ce monde, partie au
monde supra-terrestre où trône la « divinité ».

Mais étant donné que « l'âme », la « conscience » et la « pensée » sont fonctions du cerveau, qu'elles dépendent de *l'intégrité* de ce dernier et disparaissent avec elle, il s'ensuit logiquement que, du moment que l'âme, la conscience et la pensée sont liées à un organe déterminé, le cerveau, elles doivent aussi être la propriété de cet organe, c'est-à-dire, d'une *matière connue* et, dès lors, appartenir au monde sensible, donc à ce monde-ci, et non pas à un autre.

Loin de nous la prétention d'enlever aux fonctions humaines le nimbe surnaturel que la poésie leur attribue ; il s'agit pour nous de démontrer, en nous appuyant sur les sciences naturelles, que, ne représentant qu'un anneau dans la chaîne homogène de l'univers, voire même un infime fragment de celui-ci, l'homme ne saurait appeler sien *rien — âme, conscience ou pensée — qui, au fond, dans le principe et à l'origine première de la chose, ne soit pas également propriété de tout le reste de la création et, par conséquent, même de la matière morte.*

Ainsi que je l'ai montré clairement dans un précédent travail (¹), l'âme de l'homme peut être considérée comme représentant, dans son système

(1). Pensée inconsciente. *Paris*, 1905, J. Rousset.

nerveux central et spécialement dans son cerveau, une part de cette force universelle propre à la matière totale de l'univers, qui, non-seulement meut et maintient l'univers, mais encore en pénètre toutes les parties, tous les éléments, les imprégnant de l'âme partielle nécessaire à l'accomplissement de leurs diverses fonctions.

Et ce sont les manifestations de ces fractions de l'âme universelle dans les composants de l'univers et leurs éléments que j'appelle la « *force innée des choses* ». La « force innée » n'étant que la part de la force universelle de la création ou de l'âme universelle qui revient à chaque composant de l'univers, à chacune de ses parties et par conséquent à *toutes les choses*, il s'ensuit qu'elle ne concourt pas seulement à la *conservation de l'univers* en y participant dans une faible mesure, comme l'âme universelle y participe en grand, mais encore qu'elle est soumise, comme l'âme universelle elle-même, à toutes les lois qui agissent dans l'intérêt de l'univers et qui, ainsi que je l'ai démontré ailleurs (1), sont les lois de la raison, de la logique, de l'ordre et du bien. Par là, toute force innée assure *à sa* chose, outre l'existence, une place dans l'univers qu'aucun autre composant du monde ne

____

(1). Pensée inconsciente. *Paris,* 1905, J. Rousset.

saurait remplacer, une place qui lui est particulière à elle seule, qui en fait l'équivalent de toutes
les parties intégrantes de la création, une place
qui, à ce titre, ne peut être que la première de
l'univers.

Même en admettant que, de tous les composants
de l'univers, l'homme ait eu en partage la majeure
partie de l'âme universelle, la force innée la plus
puissante, il n'en demeure pas moins que l'âme
humaine, en tant que *force innée*, n'est qu'un
attribut qui revient à chaque chose, suivant sa
nature, qui est donc directement lié à la matière
et dont les *limites* s'arrêtent *exactement à celles
du monde réel.*

Les facultés éminentes de l'esprit humain et la
profondeur insondable de l'âme humaine peuvent,
à la vérité, porter à considérer comme « divine »
la force innée *humaine*. Mais cette attribution ne
se justifie qu'à la condition d'admettre que la tota-
lité de la force innée de la matière universelle,
l'âme du monde, c'est-à-dire, la *force de la nature*,
dans ce qu'elle a d'inaccessible et d'insaisissable
pour l'homme, représente le « divin », « Dieu ».
Mais dans ce cas, l'épithète « divin » ne revient
pas seulement à l'homme, mais encore à toute
créature, à tout être, à toute chose, à toute substance, même au grain de sable que nous foulons

aux pieds et qui forme, comme l'homme, une partie intégrante de l'univers, plus que lui encore, une partie *indispensable* — attendu que l'univers pourrait exister sans l'homme, témoin ces mondes qui existent sans lui depuis des milliards d'années et continueront d'exister à tout jamais, alors que, sans grain de sable, il ne pourrait exister une seule planète, pas même celle que l'homme, malgré toute sa superbe, ne parvient à peupler que pauvrement.

Mais si, d'après la conception de l'âme telle qu'elle vient d'être exposée, la seule, au reste, qui soit scientifiquement possible et admissible, l'homme n'est pas le seul être « doué d'âme » de la création, lié qu'il est précisément par son « âme » à ce monde visible et réel, comme l'est tout autre être, ne serait-il pas permis toutefois d'admettre que la « conscience » constitue pour l'âme humaine un *caractère propre*, qui lui soit absolument particulier et qui n'en représente pas simplement un degré de développement particulièrement avancé, comparable au degré d'organisation supérieure dont la nature a gratifié l'homme en lui donnant sa structure parfaite, sa démarche droite, son cerveau développé et son langage ?

Même en faisant abstraction de ce fait que la « conscience », étant un des attributs de l'âme, ne peut, pas plus que celle-ci, s'élever au-dessus de la matière, et qu'étant propriété de l'âme, elle est liée à celle-ci, qu'enfin étant propriété « psychique » de l'homme, elle est surtout liée à la substance de son cerveau (vu qu'elle disparaît effectivement quand cette substance subit, par le fait d'une lésion, de la température, d'un poison, le moindre trouble dans sa constitution normale), on peut arriver à démontrer rigoureusement que la « conscience », en tant que force innée *d'une partie bien déterminée du cerveau, c'est-à-dire, de son écorce*, se retrouve partout où il existe des cellules corticales cérébrales, et elle s'y retrouve toujours à un degré qui correspond au degré de développement de son possesseur.

Or, il y a deux facultés fondamentales par lesquelles les cellules corticales cérébrales, centre de toutes les fonctions de l'esprit et des sens, se distinguent de toutes les autres cellules. Ce sont:

1° La faculté de produire des images psychiques dans leur propre substance et

2° La faculté de percevoir ces images (nées au dedans), ainsi que les impressions des sens (provoquées par le dehors).

La première est basée sur la propriété que possèdent les cellules corticales du cerveau de se créer, en images, un monde psychique propre qui n'a que de légers rapports avec le monde extérieur et qui ne se rattache à lui en aucune façon.

L'autre faculté est, comme la première, basée sur une fonction fondamentale du protoplasma des cellules corticales, fonction que nous n'avons pas à analyser, mais qui est, au point de vue physiologique, aussi compréhensible que l'est, au point de vue physique, par ex., la « sensibilité à la lumière » de la plaque photographique. C'est grâce à elle que l'écorce cérébrale est capable de recevoir, de reconnaître et de fixer les *images de la réalité* qui lui sont transmises par les organes des sens.

La première faculté, *l'auto-production* d'images psychiques, crée un monde *imaginaire* et comprend le domaine du rêve.

L'autre faculté, la *reproduction* d'images psychiques, fournit à l'homme une image de la réalité, et, lui faisant connaître celle-ci et son rapport avec elle, lui constitue le fond de la *conscience*.

Or, comme la « conscience », au sens physiologique, ne peut être que la réflexion du monde réel dans l'écorce du cerveau et que cette réflexion dans les cellules corticales du cerveau est effectuée par les organes des sens et leurs nerfs, il s'ensuit que la « conscience » doit exister partout où existe et fonctionne un cerveau normal avec écorce cérébrale et cellules corticales, et des organes des sens normaux avec leurs nerfs.

Mais il n'y a pas que l'homme qui possède un cerveau avec cellules corticales et des organes des sens avec leurs nerfs ; toutes les classes d'animaux, depuis les mammifères jusqu'aux amphibies et les poissons, en possèdent également.

Il faut, dès lors, que tous les vertébrés possèdent une conscience. Et bien que, chez l'homme, cette conscience atteigne, comme l'écorce cérébrale dont elle est un facteur de développement, le plus haut degré de son évolution, il n'en est pas moins vrai qu'elle n'est pas la propriété exclusive de l'homme ; elle est si intimement liée à l'écorce cérébrale que nous la pouvons considérer absolument comme la *force innée de l'écorce cérébrale, et le degré de cette force comme une fonction de l'organisation de l'écorce cérébrale.*

Mais si « la conscience » n'est qu'une « force innée » de la matière organisée et une fonction de cette organisation, il est évident qu'elle est liée à la matière, et particulièrement à la matière organisée, donc, en tout cas, au monde réel, et qu'elle *cesse d'exister au point où commence le « surnaturel ».*

2.

II

LA PENSÉE DANS L'UNIVERS

On peut même démontrer que la « pensée », cette fonction considérée comme spécifiquement humaine, physiologiquement et scientifiquement « inexplicable », donc « surnaturelle », est, *dans son sens physiologique premier, l'expression la plus générale de la force innée*, et, comme telle, une propriété générale de la matière en général, et que, par conséquent, elle n'est même pas liée à la matière organisée.

Pour comprendre cela, il importe de se rappeler une loi fondamentale de la fonction physiologique, dont j'ai fait récemment l'exposition : la loi de l'activité et de la subactivité du travail vital.

Toute cellule vivante, depuis la cellule végétale la plus simple jusqu'à la cellule humaine organisée au plus haut degré, fonctionne, tant qu'elle vit, de deux manières : d'une manière *subactive* lorsque la force innée de son protoplasma ne produit automatiquement que ce que nous appelons « vie », et d'une manière *active* lorsque des excitations extérieures mettent cette force innée en mouvement de telle façon qu'elle devient fonction de la cellule pour servir à ses fins physiologiques.

C'est ainsi que, par ex., une plante vit d'une manière subactive lorsqu'elle se soutient en végétant dans le froid. Mais elle est « poussée » au travail actif par l'excitation qu'exerce sur elle le rayon de soleil qui la fait croître, fleurir et porter des fruits.

La cellule animale est subactive lorsqu'elle se trouve dans un état de passivité vitale, faussement qualifié de « repos » en physiologie. Cet état, sans manifester aucune activité au dehors, est entretenu simplement par les forces mystérieuses de la vie et n'est autre chose que de la vie à l'échelon le plus bas — mouvement moléculaire du protoplasma sans effet extérieur.

Elle devient, par contre, active, lorsque l'excitation physiologique la force à accomplir le travail qui lui est particulier avec un résultat visible, donc extérieur, et à mettre celui-ci au service de l'ensemble.

C'est ainsi que, par ex., les glandes salivaires sont subactives tant qu'elles secrètent de la salive dans la cavité buccale, sans qu'il s'y trouve rien à enduire de salive ; elles sont actives lorsque, excitées par l'aliment, elle l'inonde de salive, afin d'y provoquer le processus préparatoire de la digestion et d'en transformer l'amidon en sucre.

Il en est de même des cellules ganglionnaires de l'écorce cérébrale, laboratoires infiniment petits et cependant les plus puissants de la création. Elles aussi fonctionnent d'une manière active et subactive. Je viens de montrer, comme je l'ai déjà fait ailleurs plus longuement [1], que seul le travail subactif de l'écorce du cerveau, sollicité par le processus vital, crée les images psychiques du rêve et en fait un monde *imaginaire*, tandis que le travail cortical actif, provoqué par les excitations sensorielles réelles du monde extérieur, reproduit *l'image du monde* et éveille, à la lumière de sa conscience, des images psychiques qui se développeront logiquement sur le fond de la réalité et produiront par là *la pensée*. J'ai déjà rappelé également que le travail actif de l'écorce cérébrale, *qui embrasse et reflète la réalité* justement parce qu'il a pour fond la conscience de la réalité, représente la *pensée* consciente, tandis que le travail cortical subactif, qui *exclut* la conscience de la réalité, suscite bien, lui aussi, des *images psychiques* et pense par conséquent, mais tout en se

[1] Pensée inconsciente. *Paris*, 1905, J. Rousset.

limitant à des images psychiques irréelles, à de simples rêves, à *une pensée sans conscience*.

1. — La « pensée consciente » considérée comme production capitale de la nature.

La pensée « consciente » représente la production capitale de la nature, l'œuvre la plus haute de la création. Elle est au-dessus de tout ce que produisent le monde inanimé, l'immense variété des plantes et des animaux et même l'homme ; elle place celui-ci au premier rang de l'univers ; elle lui donne la faculté de connaître et de comprendre, de construire et de détruire, de produire et le bonheur et le malheur, et d'exercer par là une partie de cette puissance que, d'ailleurs, seule la nature exerce sur le monde et la matière.

2. — La pensée « inconsciente » considérée comme trait d'union entre l'esprit humain et la création entière.

La pensée « inconsciente » est, par contre, le trait d'union simple et purement mécanique qui relie ce chef-d'œuvre de la nature à tout le reste de la création comme lui étant *équivalent* ; elle montre par là que l'homme, ce « maître de la création », ne possède, même en sa fonction la plus haute, rien qui l'élève au-dessus du reste de la création

et que celle-ci ne possède en principe tout autant
que lui. Je vais le démontrer.

A. — *Physiologie de la pensée « inconsciente »*
et analyse de sa nature.

L'analyse physiologique de la « pensée inconsciente », telle que je l'ai exposée dans un précédent travail (¹), a donné les résultats suivants :

Ainsi que le montre le rêve, la pensée « inconsciente » crée un monde imaginaire d'une richesse
épuisable et d'une variété infinie, un monde qui
est constitué aussi bien de l'auto-production des
ganglions corticaux subactifs que de reproductions
et de réminiscences du monde de la réalité présente, passée et future.

Ces auto-productions psychiques constituent
une source d'images variées, toujours changean-
tes, inépuisables, d'apparence réelle sans être
liées à la réalité et au milieu desquelles *l'image
psychique de la personne* à laquelle appartient
l'écorce en travail subactif se trouve être le seul
représentant *constant* de la réalité, tel un axe ina-
movible autour duquel tout tourne, le « pôle fixe
dans la succession des phénomènes ».

Car, dans le rêve, *on se voit toujours soi-même.*

(1) Pensée inconsciente. *Paris*, 1905, J. Rousset.

Notre personnalité se trouve toujours au centre de nos rêves.

L'image de la personnalité en pensée subactive, au milieu des formes et des processus changeants de son écorce inactive, n'est pas seulement — tout rêve le montre — une reproduction parfaite de la forme extérieure, des signes distinctifs, des particularités et des habitudes du rêveur tel qu'il est en réalité ; elle est encore, en même temps, une contrefaçon de sa vie psychique, de son caractère et de sa morale, bref, *une copie fidèle de tout l'individu, de tout son moi.*

On ne saurait mettre en doute qu'une loi physiologique qui règle le processus primitif de la pensée chez l'homme psychiquement développé ne préside aussi au même processus chez l'homme qui ne l'est pas psychiquement, d'où il suit que chez le nouveau-né, le cerveau encore intact, vierge d'impressions sensorielles, est déjà imprégné de *son individualité.*

En d'autres termes, *le protoplasma des cellules corticales du cerveau possède, en la force innée, l'individualité, à l'état d'image de rêve, de la personne qui en est possesseur, et porte en lui en naissant, avec cette force impulsive, le plan fondamental de la destination de l'individu, l'idée individuelle.*

B. — La pensée « inconsciente » considérée comme force innée.

Tout homme pensant se rendra compte de l'importance biologique et à la fois générale de cette conclusion, dont les lignes qui suivent feront encore davantage ressortir la valeur.

Bien que la cellule corticale du cerveau soit l'organe le plus développé et le plus parfait de la création, il n'en demeure pas moins certain qu'elle n'est, en fin de compte, qu'une *cellule* et, à proprement parler, une cellule animale. Or, étant cellule animale, elle ne peut posséder de forces élémentaires, ni présenter de phénomènes de vie fondamentaux qui ne soient propres à *toutes les autres cellules animales*.

Si, dès lors, la cellule corticale du cerveau *produit, comme force innée, l'individualité de la personne* à laquelle elle appartient et forme le corps et l'esprit conformément au plan de son développement, de son organisation et de sa destination, il faut aussi que toute autre cellule animale apporte en elle au monde, pour la conserver toute la vie, l'idée de l'organe dont elle est l'élément, par conséquent, sa *fonction spéciale* sous forme de *force innée spéciale*. Et, à cet égard, entre les cellules corticales du cerveau et les autres cellules du corps, il ne saurait exister, à part le fond spécial de leur force innée, d'autre différence que celle-ci : à l'état subactif, les cellules corticales du cerveau, qui sont douées de la faculté de perception, *voient*, comme en rêve, mentalement, au moins une partie du fond de leur force innée ; au contraire, les cellules des autres organes, qui sont dépourvues de la faculté de perception, ne savent ni ne manifestent, à l'état subactif, quoi que ce soit de leur force innée : *ce n'est qu'à l'état actif qu'elles produisent celle-ci directement sous forme de fonction.*

Or, étant donné que la « fonction » d'un organe ou d'une cellule animale n'est autre chose que la manifestation objective, la mise en liberté, à l'état actif, de la force innée que la cellule inactive contient à l'état *latent* ; qu'en outre, la force innée latente de la cellule correspond à ce que la cellule corticale du cerveau, douée de la faculté de perception, voit à l'état subactif sous forme d'image psychique ; qu'enfin l'image psychique à l'état subactif de *cette cellule* n'est autre chose que la *pensée primaire*, il s'ensuit nécessairement que toute fonction manifestée par la cellule animale ne saurait être que la *pensée* de la cellule transformée en mouvement, et que, par conséquent, *toute cellule animale « pense »*.

Donc, de même que la cellule corticale du cerveau « pense », c'est-à-dire, possède l'individu, le « moi » individuel sous forme d'image psychique et de force innée impulsive, de même l'épithélium rénal portera en lui, immuablement pendant toute la vie, l'image psychique, la formule physiologique de l'urine que lui impose sa force innée ; de même encore, la cellule de la glande stomacale « pensera » de la pepsine et de l'acide chlorhydrique et propagera ainsi la « force innée » de son protoplasma, qui la pousse, l'incite et l'oblige toujours et sans cesse à fabriquer de la pepsine et de l'acide chlorhydrique avec les matières que lui apporte le sang, travail que non-seulement aucune autre cellule du corps ne peut imiter, mais qui la rend encore *physiologiquement*, équivalente à toute autre cellule exerçant une *fonction particulière*, même à la cellule corticale du cerveau, et lui confère, par là, une place au premier rang dans le domaine de l'organisme.

Mais bien que la force innée, propre et inhérente à toute cellule animale, corresponde parfaitement, au point de vue physiologique, à la faculté propre à la cellule corticale de produire des images psychiques ; bien que, par conséquent, il n'y ait rien à objecter, ni au point de vue physiologique, ni au point de vue logique, contre ce fait que la force innée, inhérente et propre à toute cellule animale, n'est que de la « pensée » dans sa forme physiologique primaire, il n'en est pas moins vrai qu'entre la cellule corticale du cerveau et la cellule de tout autre organe, il existe, sous le rapport de la faculté de penser, outre cette différence que la cellule corticale en perçoit effectivement la manifestation, cette autre différence que la faculté de penser propre à la cellule corticale du cerveau, du moins chez l'homme, est, suivant les individus, susceptible de varier dans les limites les plus larges et d'être cultivée de la façon la plus diverse, et qu'arrivée à son plus haut point de développement, elle ne connaît plus de limites et devient une puissance qui absorbe en elle toutes les autres pensées et l'emporte psychiquement sur toute force innée. — Au contraire, la « force innée » de toute autre cellule est bornée à une seule et même pensée ; elle varie peut-être, suivant les individus et sous le rapport de son importance, en dedans de limites étroites, mais elle n'est, en aucun cas, susceptible d'être cultivée au-delà d'une certaine mesure : toute la vie durant, elle demeure dans le stade où elle s'est manifestée comme force innée et, surtout,

elle ne sort jamais du cadre de la formule déterminée par sa fonction physiologique.

C. — *Psychique et psychoïde.*

Nons sommes habitués depuis longtemps à
mesurer la psyché au développement et au **degré**
de culture de la faculté de penser, et à qualifier
de « psychiques » les manifestations « actives »
chez l'homme de cette seule faculté. Bien que
cette pratique provienne, comme je l'ai montré,
de l'ignorance où l'on a été jusqu'à présent, de la
physiologie du processus de la pensée et de son
rapport avec la force innée, inhérente à toute cellule vivante, animale ou humaine, et que ce soit
une erreur et un non-sens scientifique que de
considérer ce processus comme quelque chose de
tout-à-fait particulier et d'indépendant et de le
séparer, comme tel, de la communauté des autres
fonctions de l'organisme vivant, je n'en voudrais
pas moins, pour faire une concession à l'usage, à
l'habitude toute puissante et aux cerveaux un peu
lourds, conserver le terme « psychique », mais
pour ne l'appliquer qu'à la condition *active* de la
faculté pensante des cellules corticales du cerveau.
Et je me proposerai de qualifier de « psychoïde »
la manifestation *subactive* de la force innée de ces

cellules, ainsi que la manifestation analogue et physiologiquement équivalente des forces innées des autres cellules de l'organisme.

D. — *La formule psychoïde principe de différenciation de toutes les matières.*

Or, si c'est un signe caractéristique et une propriété fondamentale du protoplasma de toute cellule organique que d'apporter avec elle en naissant la force innée de sa substance, la « formule psychoïde » de sa fonction spéciale, l'on reconnaîtra qu'une vérité qui énonce comme *loi* la proposition : « Functio vis cellulæ », c'est-à-dire « la fonction de toute cellule est la manifestation de la force innée de son protoplasma », doit avoir, comme toute loi, une signification générale.

Mais, si tant est que cette vérité a un sens général, la loi qu'elle énonce ne s'applique pas uniquement à certaines cellules vivantes, aux cellules animales, mais à *toutes* les cellules vivantes en général. Et si elle concerne toutes les cellules vivantes, il faut que, le passage des cellules animales aux cellules végétales n'étant pas marqué d'une façon précise, la loi de la « functio vis innata cellulæ », s'étende de la cellule animale également à la cellule végétale, qui non seulement s'organise, comme celle-là, avec du protoplasma, mais encore vit absolument comme elle et déploie, en vivant, la fonction qui lui est particulière.

De cette analogie se dégage une autre conclusion importante.

Si toute cellule animale ou végétale renferme, formé d'avance, le schéma de sa fonction spéciale représenté par la force innée de son protoplasma, il faut aussi que tout germe animal et tout grain végétal, étant tous deux des cellules pareilles aux cellules dont se compose leur organisme, *soient différenciés dès l'origine première*. Et ce fait signifie tout simplement que toutes les cellules servant à la constitution des corps végétaux et animaux conservent pures leurs formes primitives, à travers les genres et les espèces et en dépit des conditions d'existence pareille et de coexistence intime, malgré l'influence, irrésistible par ailleurs, de destinées communes qui, depuis des milliers d'années, les frappent à coups redoublés pour les réduire au même niveau d'égalité : malgré leur nombre incommensurable, elles sont, dès leur origine embryonnaire, protégées, grâce à *leur force innée* invincible, contre toute confusion chaotique.

Ce principe grandiose, caractéristique et à la

fois *conservateur* de la création, principe de la force innée, qui en différencie les composants les plus importants — animaux et végétaux — et qui, par là, leur assure, à eux et à leurs éléments, leur caractère particulier et par suite aussi leur existence, c'est la protestation inscrite en termes lapidaires au front de tout être vivant *contre* la théorie de l'adaptation et de la descendance. Les matériaux péniblement amassés en faveur de cette théorie établissent la *contiguïté* des composants de l'univers, mais non pas leur descendance, au sens de Darwin ; opposés au fait formidable, écrasant, de la *différenciation* des matières comme constituant un des principes fondamentaux qui dominent le monde, ils font, au contraire, ressortir cette vérité lumineusement et victorieusement, tout comme les taches solaires, loin de montrer que le soleil est sombre, prouvent tout au contraire qu'il *luit*.

Si la loi de la *différence* et de la *force innée* préformées de tous les protoplasmas est une loi fondamentale de la nature, il faut aussi, évidemment, qu'elle s'applique à la *pathologie* qui n'est en somme, que la nature troublée par des influences hostiles. Et il ne se peut qu'elle soit désavouée, fût-ce par un seul phénomène pathologique.

Cependant, c'est justement une des maladies

les plus répandues et les plus terribles qui paraissait se soustraire à cette loi.

D'après la théorie de Virchow, le cancer serait constitué par des « épithéliums ».

Or, l'on sait que le cancer détruit justement ce que les épithéliums aident à constituer. Par conséquent, le fait que des épithéliums fussent susceptibles de se transformer en cellules cancéreuses *destructives d'épithéliums*, *c'est-à-dire*, *d'elles-mêmes*, ce que Virchow a appelé « métaplasie », ne serait pas seulement une preuve en *faveur* de la possibilité de différenciation de protoplasmas les plus importants, mais encore une preuve *contre* la justesse de notre théorie, d'après laquelle chaque espèce de cellule ne possède qu'**une seule force innée**.

On me permettra donc de considérer comme un fait d'importance décisive d'avoir, bien avant que mes études sur la « pensée inconsciente » (1891) (¹) ne m'eussent fait songer à la « force innée » de la matière (1894), fourni la preuve exacte de ce que les cellules cancéreuses ne sont pas des épithéliums et ne peuvent, dès lors, sortir des épithéliums ni par « métaplasie », ni par

(1) Ueber das Gift und die Zellen der bösartigen Geschwülste (Krebse). *K. Akad. d. Wissensch. zu Wien*, 1891, Akad. Anz. N° V.

l'effet d'aucun autre tour de force de la nature,
imaginé par la fantaisie de l'homme. J'ai, dès lors,
démontré que les cellules cancéreuses n'ont rien
à faire avec les épithéliums et qu'elles ne sont
pas, comme ceux-ci, de simples éléments histolo-
giques, mais, au contraire, des animalcules uni-
cellulaires indépendants, des protozoaires, qui,
par divers modes de transmission, entre autres
par les insectes, pénètrent dans le corps de
l'homme pour s'y développer et s'y multiplier en
formant des foyers, le tout à ses dépens.

C'est ainsi que la loi de la différence et de la
force innée des protoplasmas se trouve encore
confirmée par un des processus les plus importants de la pathologie, processus dont l'interpré-
tation erronée, soutenue par la haute autorité de
Virchow, a constitué pour la pathologie un grand
danger, qu'une lutte longue, désespérée a, dès à
présent, définitivement écarté d'elle. En effet,
même les greffes, soit de cellules embryonnaires,
soit de cellules cancéreuses, pratiquées sur des
animaux vivants par quelques expérimentateurs
dans le but de vérifier ma théorie du cancer, ont
confirmé de la façon la plus brillante ma conception de la cellule cancéreuse. Elles ont toutes
démontré que des cellules *embryonnaires* greffées
ou *périssent* ou se transforment en rudiments de

3.

tissus *naturels* (tératomes, kystes dermoïdes), tandis que les cellules *cancéreuses* produisent (chez les souris et les rats) de *véritables cancers*.

Si donc ce sont les forces innées *différenciantes* qui séparent les unes des autres les cellules vivantes, les ordonnent et les groupent, et si ce sont ces forces qui, en séparant, en ordonnant et en groupant les cellules *vivantes*, séparent et conservent les animaux et les végétaux, leurs genres, leurs espèces et leurs parties : il faut que non-seulement il existe autant de forces innées qu'il y a de cellules différentes et que ces forces possèdent l'inverse de la propriété que présentent l'aimant et l'électricité, d'attirer ce qui est de même espèce et de repousser ce qui ne l'est pas, mais il faut encore que ces forces innées dépendent moins de la *vie* elle-même, commune à toutes les cellules vivantes, que de la *substance* de ces cellules, qui, comme leurs produits, est précisément ce qu'elles renferment de différentiel et de particulier, comme la force innée elle-même.

Mais si la force innée de la cellule vivante dépend, non de sa vie, mais de sa *substance* ; si la substance de la cellule vivante, le protoplasma, renferme dans son corps albuminoïde des sels inorganiques qui en font partie intégrante, il faut qu'une *part de la force innée cellulaire revienne également à ces sels*. D'où il s'ensuit que la loi de la « force innée de la matière » domine non-seulement le règne des végétaux, des animaux et des hommes, c'est-à-dire, le monde organisé, mais s'étend encore au monde inorganique... au troisième composant de l'univers, qui forme ainsi avec les deux autres, un tout complet. Des mondes innombrables dépourvus d'hommes, d'animaux, de végétaux et certainement de toute espèce de cellule organique, existent depuis des millions d'années et continuent d'exister, c'est-à-dire, maintiennent en s'y conformant l'ordre qui règne dans l'univers. Ce fait montre que, l'ordre et l'existence de l'univers étant justement les résultantes, l'expression, la conséquence naturelle des *forces innées de la matière*, la loi de la force innée de la matière s'impose bien plus au monde inorganique qu'à l'autre, si tant est que son origine ne se trouve pas précisément dans les matières inorganiques, comme il résulte de l'exposé que nous venons de faire des rapports entre la vie et le monde inorganique.

Et de fait, la physique et la chimie qui recueillent et expliquent les divers phénomènes du monde inorganique et les effets que les substances exercent les unes sur les autres, ne sont, au fond, que la science des « forces innées de la matière » et des résultats auxquels aboutissent leurs effets réciproques.

E. — *La force innée lien commun de tout ce qui existe, et la matière morte origine de la vie.*

A vrai dire, on pourrait être tenté d'admettre qu'un abîme infranchissable sépare la nature des forces innées dans les deux domaines et que, simples et élémentaires dans les matières mortes, inorganiques, ces forces sont compliquées et inexplicables dans les protoplasmas vivants, organisés.

Cependant, bien qu'il soit exact, d'une part, que les forces innées de la plupart des matières inorganiques résultent de simples conditions dépendant de leurs poids moléculaire, de leur état d'agrégat et de leur température, alors que la force innée de la plus simple cellule embrasse déjà la nature, le contenu et la vie de cette cellule, c'est-à-dire, un *monde* réduit, et que chaque germe contient déjà sa plante, chaque ovule son animal, et tel ovule même l'homme à l'état psychoïde ; bien qu'il soit démontré, d'autre part, que la cellule végétale commande la fonction de son tissu, la cellule animale la fonction de son organe, le ganglion du cervelet le mécanisme du mouvement

(1). Les véritables centres du mouvement. (Die wahren Zentren der Bewegung). *Vienne.* 1905, W. Braumüller.

du corps (ainsi que je l'ai démontré[1]) et le ganglion de l'écorce cérébrale même l'individu, son « moi », son monde entier, *son âme*, on ne peut, en examinant plus attentivement la nature des choses, méconnaître que le poids moléculaire, l'état d'agrégat, l'attraction, la répulsion et les affinités électives n'épuisent pas le fond de forces innées des matières inorganiques.

Il y a un métal, l'urane, qui, de par sa propre force, *luit* comme ne luisent que certains êtres vivants, certaines monères, certains poissons, les vers luisants, etc.

Un autre élément simple, le radium, émet de la chaleur et des rayons électriques comme ne peuvent le faire que des foyers de chaleur et des batteries électriques composés avec art, mais susceptibles de s'épuiser, ou encore des êtres vivants, tels que les poissons électriques. Le simple mélange de deux des métaux les plus ordinaires, l'antimoine et l'oxyde de fer, constituant le thermite, produit même une chaleur de combustion égale à environ trois mille degrés centigrades — comme le soleil.

Les forces innées qui sont propres, d'une part, aux matières inorganiques et, d'autre part, aux matières vivantes, ne sont pas de nature assez différentes pour creuser entrer elles un abîme infranchissable. Les énigmes qui enveloppent l'origine de la lumière de l'urane, la source de l'électricité du radium, la production de la chaleur de combustion du thermite, ne sont guère moins mystérieuses que celles qui président à la naissance des images psychiques dans la cellule ganglionnaire inactive de l'écorce du cerveau, voire au développement de la vie elle-même dans la molécule d'albumine.

En effet, ces manifestations se dégagent de leurs substances de la même façon, *mécaniquement* et par l'effet de la force innée, et la vie elle-même n'est suscitée que par des excitations purement physiques : celle de la fermentation (fécondation) et celle de la chaleur (incubation). Si même l'on considère que la production des images psychiques dans le ganglion vivant du cerveau serait, sans la participation du phosphore, tout aussi inconcevable que la production de suc gastrique sans chlore ou sans acide chlorhydrique, et que le soleil, cette masse de feu, composée de matières *inorganiques*, est l'unique source de toute vie, l'on reconnaîtra non-seulement qu'il n'y a pas de séparation absolue entre le monde organique et le monde inorganique, mais encore que la *source unique, la seule mère de la vie, ce ne peut être que la matière inorgani-*

que « cette éternelle splendeur de la matière délivrée de l'inconstance de la vie » qui surprend surtout le voyageur du désert ou le visiteur des îles rocheuses, dénudées des fjords, et, comme dit Loti, « cette splendeur de la terre avant la création des êtres. ».

Etant donné que la vie sort du sein du monde inorganique, il s'ensuit non-seulement que les forces innées de la matière vivante et de la matière morte, dérivées de la même force centrale qui anime la matière universelle, sont, malgré leur particularité spéciale, de nature égale, de même origine comme les enfants d'une même mère, apparentées malgré leurs diversités extérieures, mais il en résulte encore que la *chose la plus haute* que crée la *vie* ne peut au fond être autre chose que ce que la nature *inorganique* offre elle-même en ses éléments les plus simples. Or, la chose la plus haute que produise la vie, c'est la *pensée*.

La substance des cellules corticales du cerveau, grâce à la faculté innée qu'elles possèdent de créer des images psychiques, produit la pensée *mécaniquement*, tout comme le radium produit ses émanations électriques et l'urane la lumière.

Or, si c'est à la force innée de leur matière que le radium doit la propriété de produire des ondes électriques, l'urane celle d'émettre de la lumière et le thermite celle de fournir de la chaleur, tout comme la cellule corticale du cerveau doit à la force innée de sa matière la faculté de dévolopper des image psychiques ; si, d'autre part, *toutes les forces innées*, en leur qualité de dérivées de la même force centrale de la création, sont non-seulement de *même nature*, mais concourent encore, dans le grand mécanisme de l'univers que cette force centrale anime et maintient, à le conserver, elles aussi, en coordonnant leurs actions particlles de manière à faire marcher avec précision tous les rouages et cylindres de la machine ; si, enfin, la faculté des cellules ganglionnaires de l'écorce cérébrale de produire des images psychiques, faculté qui est de même nature que *toutes* les autres forces innées, n'est au fond que *la fonction fondamentale qui produit la pensée*, il est évident qu'il ne peut s'en dégager que cette unique conclusion : *le tout, l'univers se conserve*, non-seulement parce que *tout* « se meut », comme l'a dit un ancien philosophe, que *tout* est « raisonnable », comme le pense un philosophe moderne, et que *tout* est *animé*, comme je l'ai récemment démontré, — mais surtout parce que, comme on vient de le voir, *tout* « pense ».

Πάντα νοεῖ

TABLE DES MATIERES

BAUGÉ. — IMPRIMERIE R. DANGIN